INOLVIDABLE

MARIA XIMENA DEDIEGO

Diseño de portada: Departamento Creativo Bauhaus.
Lulú
Address: 627 Davis Drive, Suite 300, NC 27560 Morrisville, United States
Morrisville (Carolina del Norte)

2019© María Ximena Dediego
2019© Editora: Helen Smith

Impresión y encuadernación: LULU
Impreso en Estados Unidos-Printed in USA
Houston, 2019

Por el amor, la Amistad y la lealtad.

I

Princesa

¡Yo mi princesa! estuve por cada línea de tu piel y hale tus pecas que ningún mortal en absoluto había inspeccionado.

¡Yo mi princesa! Que besarle en las alforzas más insondables y tome perfumes ignorados. ¡Yo mi princesa! Que trazar con mi pluma mil epístolas y soporte el averno de tu amor.

¡Yo mi princesa! Que acabe con billones de caricias en sus senos y moje con su saliva, transpiración y semen en su suave templo.

¡Yo mi princesa! Que narre de modo fuerte, en varios momentos, constelaciones en su espalda, las pulsaciones de su corazón al hacer el amor, el pestañeo, los susurros y quejidos.

¡Yo mi princesa! estar al tanto de todo cuando aproximarse a ella, y enjaularla en sus evocaciones y cualquiera que incendie sus efusiones; con el ímpetu de los dioses del universo, con el ardor de miles de lunas.

¡Yo mi princesa! batalle durante interminables horas en el erotismo, sonreí y suspire, atendí precavidamente a tus peticiones, enfermaste conmigo, compartí mis medicamentos, grageas, organismo, ropaje, impresiones; y hoy...

Verme encarcelado al estar pendiente de ella.

Ahora palparme,

saber,

como caminar,

como abandonar.

Serena,

vencedora,

sin echar un vistazo atrás.

Ella corre,

con elegancia,

de una mujer Londinense.

............A tu cercano amor,

...........amor mío,

..........no abandonarlo;

.........atarte a su lado,

........y así,

.......existiré yo,

......el magnífico,

.....que,

....conoce,

...todo,

..de,

.ti.

II

Frases

Hay frases que surgen en el vacío, crecen en las manos y sucumben bajo tus pies, Hay lenguajes que dividirse con los ojos, dedos y empuñaduras. Hay cadenas que cubrirse bajo tu mirada, en el marchitar de tus cejas y en las laceraciones de tus uñas.

Las frases envolverse entre la cutícula, tus uñas y tu edén. Hundirse bajo la piel, comerse vorazmente tus nalgas, corrigen, escinden, extirpan y travesean.

Ocultarse donde no vibra la fluorescencia, agitarse, danzan, instruyen inflamaciones en partes ásperos, arruinan relatos y sacuden los sucesos de su zona. Devastan la evocación de la dama, dañan la mascota de la niñez escarnecerse de mi diosa.

La boca es la culpable, abriga millones de encarcelados que ocultarse bajo la lengua, mejillas, dientes. Frases que cuando son acentuadas brotan como una flor pero no saltan. Puedo observarlas por un instante, ahí, bailando en la cúspide de nuestro cuerpo. Tamizarse por la nariz y aparecerse por la tierna mirada. Fundirse el cerebro, destruirse amores, apostar por las almas, quitar el trabajo, robar, reír, ese caviar de análisis y penetración a tu cuerpo.

Las frases ocultas conquistan al poeta del averno y aborrecen al embaucador de las leyes. Arruinan al prudente al brotar las exequias de su funeral, nobles, platicas con ilustres, almuerzos con la pareja. Edifican la lírica, al autor, al cantante, al administrador, al tornado darle una guía de redención del abismo al científico y buscador de la verdad.

Y de la boca nunca surgirá un "te amo" porque numera otra cosa. Y de tus labios jamás brota lo que deseas, sino lo que ambicionas expresar.

Las frases transparentes, invaden como fuego las taciturnas y pasionales, destilarse un huracán en resonancia con una sinfonía creando pastas turbiamente perceptibles y deliciosas.

Las frases no hundirse, viajan de espíritu en espíritu y de existencia en existencia, de dispositivo en dispositivo hasta la inmortalidad. Y residirán las partículas celestes; proporcionarán existencia con el hálito eterno que robaron de la lengua de la Diosa eterna.

III

Momento

Hoy, aunque sea solo para estar
en tu contra, aunque yo sea
terca y necia. Hoy, solo hoy,
vamos a amarnos más de
manera transparente, vamos a
minimizar la importancia de la
apariencia, vamos a cubrirnos
con obsequios y no precisamente
regalos sino estrellas.

Solo por fastidiarte, vamos a
amarnos y a ligar nuestros
cuerpos a pesar de lo que otros

digan. Ámame desenfrenadamente, sucia, como una roca, rápido como una voraz hiena, malcriada como una niña. Hoy quiéreme a contracultura, a contrapunto, contra todo.

Solo hoy vamos a cerrar nuestros labios y querernos en cualquier lugar, donde hallarnos. Hoy solo vamos a dejar que otros vernos y digan lo que quieran. Hoy vamos a callar y tratar de estar en armonía, para variar, hacer que sucumban de envidian y muera, para sentirnos tan vivos como la luna.

Cariño proponerte, hoy, amarnos más que nunca, más que ayer, más que eternamente, hasta que antes y todos los días. Solo hoy, jurarte en el alba haremos inolvidables momentos, mañana firmaremos un trato y después concluirá cuando el mundo acabarse.

Si hoy amarme hasta volverme maniática, si hoy amar cada parte de mi cuerpo, cada ojo, cada frase, si hoy amarme hasta volverte trastornada, hasta el alma con toda la intensidad en aquel momento esperaremos a la aurora para que muera Venus.

Hoy pretenderé derrochar todos mis pensamientos por ti. Hoy voy a despreocuparme del universo y conseguiré la demencia en mi cabeza por ti. Hoy voy a disimular frente el mundo y tendré la paranoia de tu cuerpo, para despreciar los requerimientos del amor, para olvidar la taza de café caliente, el pudor, para disipar a los padres, el empleo, los minutos y segundos, notas, karma emocional, autoridad de pareja, errores, caídas.

Hoy entregaremos todo por ti cariño, quemaremos todo lo que es moral y absurdo para otros. En la última instancia de elevación, circula el amor, de la demencia nacerá tu silueta y tu mi bella dama; de las centellas cósmicas en ese par de ojos azules, de la energía que inunda tu pecho cuando yo mirarte a ti.

Hoy es nuestro turno cambiar el universo.

Enmudéceme y besa suavemente mis labios.

IV

Posiblemente

Posiblemente logres quererme
con todos mis errores, con esta
mirada colosal como el mar, la
nariz apófisis, mi pelo cayendo
como margarita y el perfume de
habano en mi piel.

Espero aguantes por varios años,
la angustia, tus dientes
desgastados, las cejas
incrementadas, las piernas
delgadas y las costillas
desajustadas. Posiblemente y sea
inaguantable mi boca sucia, mi

falta de educación, mi rostro de tonto, mi obstinación. Posiblemente y adorarte por ese grande edén bajo tus piernas, la piel hecho polvo, el barro en la cara, las manos desgastadas por los años, el espíritu lleno de vigor, las frases fuertes. Espero aguantarme en mis momentos de alucinación tratare de cambiar, no angustiarte.

Espero no flagelarte demasiado cuando regañarte, cansarte, o sucumbir en mi alcoba para estar solitario. Nunca sin quejarme y atemorizarte el miedo a mi retorno, cuando tú estés distante solo darme cuenta de las personas a lo lejos que hablan.

Espero puedas quererme, así como yo amarte. Espero algún día sea así. Y si tú no quererme, pues el desierto será nuestra barrera.

Que si hay un mortal a quien realmente quiero sobre cada cosa en este universo; es mi cuerpo a ese cerebro murmullante, mis ideologías, mi ser y todo de mi vida.

V

Contacto

Actualmente amarte cada segundo y minuto del día, cada año, cada época cada eternidad.

Tengo veinticuatro te amo como un anciano de un doscientos años. Anciano morboso y decrepito, si desafortunadamente estoy oxidado por el tiempo.

Estoy disminuyendo mi edad gracias a las reliquias espaciales, como masa del cosmos, segmento celeste; de lo contrario poseería unos cuantos billones de años en mi espalda, y podría asegurar, adoro el cosmos como un infinito de luces, como los ojos de mi amado Thor.

No expresarme que mi aprecio es fugaz. Amarte desde mucho antes de estar juntos, de nosotros y mi ser. Amarte desde antes de hallarte, amarte en la noche, en el día, y el ayer.

Fuera de las horas y el universo.

VI

Agonizar idealizando

Contarte todo a ti, pero nunca es suficiente, eternamente anhelas más.
Es asombroso; siempre deseas más, siempre colocaras en vacilación las frases y las emociones; no puedes concebir que alguien decirte la verdad a ti; no puedes soportar que alguien quererte u odiarte.

No puedes concebir que algún mortal exprese la autenticidad porque embaucarte, inclusive cuando indicas la veracidad, cuando expresas que hay en tu corazón, porque no concibes lo que sientes, repudias todo de ti y no puedes expresar más exactitud que la obviedad.

Que terrible, arrasas todo tratando de hallar el equilibrio, el bienestar, Si percibes, si corres rápido. Si alguna cosa brotar una lagrima, es un sufrimiento inaguantable. Si algún mortal expresarte "te amo", tu eternamente contradices "no concebirlo". Si algún mortal besarte "escondes los labios". Si algún mortal acercarte a ti, transformarse tu boca. Si desnudar tu cuerpo hacerlo a la mitad en la oscuridad de la noche. Haces el amor en la penumbra, para no mostrar tu cuerpo por completo y divisen todo de ti, para no conocerte, para no apreciar la pena y cobardía.

Que blindaje tan terrible, que modo tan inclemente.

Tratas de sortear el fallecimiento impidiendo la existencia, y además, agonizas cada día, porque no pretendes enamorarte, porque no pretendes decaer ni perjudicarte.

No hallaras aquello que anhelas, porque indagas para no hallar. Cada cosa en el universo tiene una falla, a todo encontrarle un defecto, una falsedad, una perversidad, una disparate. Opinas que las almas están esperando traicionarte como tanto estúpido haberlo hecho.

Profesas en las personas que amarte aguardar para ir bajo tu cobijo, otras por tus besos. Cavilarlo porque tú misma anhelas estar distante de ti, mintiéndote, en otro organismo, en otro cerebro.

No todos son cómo el estúpido de tu exnovio o cómo mi padre, traiciono a mi madre. Y no obstante si así serlo, no puedes ser demasiado espantadiza para no retornar a querer. Para no regresar a comprometerse, a idealizar. No puede ser demasiado la desconfianza que paralizarte, agitarte, creer, desahogarse.

No depende de ninguno, no pienses llegara alguno que fortalecerte y darte valor frente al universo y todo será perfecto.

Uno debe morir cediendo tras ser burlado. Una y otra vez, después de ser desilusionado, retornar a probar. Lo que apreciamos no posee nada que ver con las almas. Debemos sentir por el

desnudo suceso de descubrir
preciosidad, de concebir amor,
de conceptuar, idealizar e
imaginar; sin esperar
contestaciones, felicitaciones,
estrujones. Solo establecer,
conceptuar, progresar.

Es por eso debemos morir
amando eternamente,
batallando, fantaseando,
confesando. Sin concernir, sin
atañer que el universo robarnos
mil veces.

Dolerme por ti, porque yo, con los años, retornare a amar con la energía de diez mil soles. Hallare una doncella que sea caliente espejo de mí querer, mis apetitos. Lastimarme, porque volvernos viejos, y si no instruirte a dejarlo ir, a existir, sucumbirás sin haber existido.

VII

Viejos amantes.

No incomodarme saber de tus viejos amores. Del presente, del pasado. No preocuparme que visitarlos, conversar con ellos, aun amarlos. Está bien, no es sencillo despegarse, no es sencillo olvidar. Al terminar, hay espacio para aquellos que amamos, hay reminiscencia, hay existencia y tiempo.

No tengo dificultades cuando conversarme de tus anteriores

amores. También amarlas, estimarlas. Pienso ellos cuidarte para mí, instruirte, madurarte. Cavilo, dejarte a punto para un "nosotros". Dispuesta para amar, más que nunca, capacitada para querer.

Espero percibas y hagas lo mismo. Quiero pienses que aún amo a mis viejos amores, a mis amantes fortuitos y algunas doncellas que, sin tocarlas, acariciaron mi alma.

Que al deslizarse una céfiro, inspirar un fragancia o pronunciar una expresión; cavilo en ellas. Sonrío al conmemorar, y de vez en cuando extraño sus sonidos, sus consejos, exaltaciones, rubores, besos, abrazos. Alegrarme de las querellas que ahora juzgan simplezas, reírme de las técnicas y los juegos que planearon.

Quizás puedas concebir cuando hablo con ellas, no son similitudes, invitaciones a vigilarme o declaraciones de beligerancia.

Quizás concibas que ahora eres parte de mí y amarte, pero no olvido las leyendas, no puedo despojarme de vidas pasadas. Por favor, concibe que no engaño; los recuerdos y si apartarnos, recordarte toda la existencia, porque amarte.

Concibo mis viejas parejas, mis otros amores inmortales, mis otras promesas de existencia; disponerme para ti. Que cada quiebre disponerme a amarte. Que cada beso malogrado, abrazo quebrado, lazo sin enlace, vivió con el propósito de que yo consiga querer; quererte por hoy, quererte eternamente. Acordarse de tu nombre desde ayer hasta el último día de vida.

Quizás puedas apreciar a mis viejos parejas; porque amarlas, porque extrañarlas, porque estimo el tiempo que derrocharon en mí. Espero puedas porque instruirme a amarte. Ellas enseñarme, abajo de tu oreja, puedo instalar un par de besos que empinen la piel. Exponerme hay modos de mimar los senos; la unión de tus pechos es fina pero ansiosa de toque. Un gran beso brinda saltos entre labios, de lo afable a lo excesivo. Necesitarse una miscelánea de ímpetu y exquisitez para desnudar, besar tus piernas. Nada borra lo que expresarse. Algunos halagos son injurias. Que todo no puede pedirse, anhelarse de verdad. El furor revela libertades ocultas. Nunca está demás un gran baile. Las flores no perpetuamente son hermosas. Es bueno reclamar un poco, un par de veces, aunque indiques no.

Enseñarme la masculinidad no está luchada con la ternura. Que es de valerosos dejarse querer. No desglosárseme el órgano reproductor si preciso un abrazo, si suplico un beso, si expongo mis impotencias, si solicito una ayuda. Que el café es para quienes queremos. El universo puede terminarse. Las pinceladas del pecho poseen un precio específico.

Mis viejos amores desvivirse para instruirme como poner mi amor en ti, como amarte de un modo sano. Enseñarme cada parte del corazón. Ofrecer la sabiduría con demasiada excitación que írseles un poco de corazón en el asunto. Gracias a esas caricias de rutina, hoy, puedo amar, amarte.

Gracias a los quebrantes, a cada lágrima, las nostalgias, los copas de alcohol, las contiendas, el libídine, las miradas, disputas, alaridos, apretones, halagos, café, la lírica. Gracias a los obsequios, las sonrisas, los sonidos, los secretos, los juegos. Gracias a todo lo que colocaron en mí; mis viejas mujeres, mi amante olvidado, mis maniáticas. Gracias

a remotos amores, hoy amarte y
algún día, tal vez; tendremos hijos,
estaré contigo, caminare de la
mano, existir, sucumbir a tu lado.

Aprecia los viejos amores.

los míos,

los tuyos.

Porque gratitudes a ello,

hoy amarte

y tal vez,

mañana,

y eternamente más.

VIII

Venus hallarnos... sin ropa.

Busca hermosura debajo del eslabón. Inspecciona su obra, Venus estar a la mira; espera confuso en una cerca, por si algo raro ocurre. Indaga debajo de cloacas y por las grietas esperando la pasión ahogue los corazones.

Exasperado examina su obra. Suplica a si mismo haber arrebatado la vía correcta, espera un prodigio. Venus hallada en el templo, en los caminos, escuelas y oficinas; residuos de amor, exaltación, valor, rebeldía, insurrección, altruismo, afecto, habilidad, demencia ¡Cualquier sospecha de existencia malévola sea!

Al no hallar nada, su fallo es terminante; calcinar todo y emprender de nuevo. Nada vale la pena si la burguesía, el mandato y el temor haberse encargado de este ejemplar, ensayo de nombre humanidad.

Nada posee existencia si haber sucumbido a la revolución, si ninguno muere de amor, si la fogosidad haber desaparecido de cada corazón.

Doce horas, muy acertadas, resuelve el anciano conceder a su compromiso, para eximir sus actos.

Al caer la noche, su ojo clavarse sobre los entes del mundo. Está vez sobre las zonas más sombrías, más olvidados. Alejarse de la

capilla, el colegio y la oficina.
Transita los bares, centros
noctámbulos y rincones de
ocasión.

En un motel,
Hallarse la pareja de amantes,
que protegerán el universo.

En una habitación de seducción,
con las sabanas desgastadas, dos
personas desvestidas en mutismo
mirarse. En una habitación de
motel Venus, dormida reposará,
sin acariciarse, porque el

organismo fue puro subterfugio para estar juntos.

En una habitación de motel, sin palpar amarse, sin conversar conocerse. En una habitación de motel una pareja desvestida; sin hacer sonido, sin emerger en la televisión, sin mucha fortuna, sin administrar o apresar al universo; salva a la humanidad.

Esa noche, Venus observó lo que inanimado caviló. Esa noche Venus halló cariño, calor, apetito,

ternura, ímpetu, valor,
insurrección, demencia.

Esa noche Venus hallarnos
desnudos,
en una tálamo de motel,
jugando a ser adultos,
poniendo de evasiva
el sexo
para estar unidos.

IX

Transita

Nuestras fantasías coincidieron en vía, un encuentro breve y divino.

Concordamos en vía,

no en destino.

Es un sufrimiento insólito. Partiste porque mi lado es envejecer. Irte porque amarme. Dolerme, pero más lastimarme saber que soy impedimento, más atormentarme verte derrochar el resplandor de los ojos, despojar tus alas. Más lastimarme verte con el trasero aplanado contra el sillón y el semblante untado en el celular. Más lastimarme ver tu miseria de obsequiar todos los días para insensibilizar el sufrimiento de la invalidez, sosiego, desahogo, inercia.

La existencia juega soporífero.

Tenía que ser equitativo ahora. Actualmente querernos tanto. Tenía que ser justo ahora diluirnos en brazos, en café y habanos. Justo ahora curarme a besos magníficos.

La existencia juega soporífero.

Y si así tiene que ser ¡que así sea! No encorvarte. Alzarme de puro engreimiento. Levantarme porque no voy a confesar a tu decisión con temor. Levantarme para exponer obediencia al amor que colocas en mí. Así lejanamente de mí están tus ilusiones ¡Transita! ¡Transita amor mío! No marcharme, alcanzarte en el destino.

Transita de estúpidos, idolatras, cristianos, religiosos, cortesías, apreciaciones, monasterios. Más vale tener enérgicos las piernas, has de transitar demasiado. Transita de lo que impedirte, amor mío.

Muy claro quedarme las almas no son equipaje, no debemos cargar con ellas. Muy claro quedarme el amor si no redime es inmortal reproche.

Una delicia marchar a tu lado. Transita, logra tus sueños. Transita de multitud corriente, de amores que investigan atarte. Transita de los que entorpecen. Transita de la redundancia. Sobre todo, transita de mí que intento hacerte mi lado, partícipe, armazón. Transita de mí que no renunciare dejarte, quererte a mi lado.

No saber si alguno en esta existencia; en este cosmos, en esta vida, alcance hacer sus sueños realidad. Si alguno lograrlo, eres tú. Porque atiborraste de amor mi alma. Transita tras tus sueños. Si alguno debe conseguirlo eres tú, porque colmarme de ellos. Infectarme tus ganas de existir, cargarme de besos, heridas y apetito.

No renuncies de investigar lo que exploras.

No saber si alguien pueda hallarse en esta existencia sin significado, en esta inaguantable consciencia, pero si alguno puede, eres tú. No saber si alguno deba, pueda o logre estar a la altura de sus metas; pero si alguien debe, puede o alcanza, eres tú; porque apreciarme querido; y eso es, posiblemente, lo único que considerará nuestras existencias, eso es, seguramente, lo único que al terminar importa; y eso es más de lo que varios pueden expresar.

Amar.

Así transita, transita. Verte en el destino, Observarte al terminar la vía, donde todos somos uno mismo.

X

Abre tu corazón

Abre tu corazón y no lograrás
oscurecer el par de esferas
solares que ahí duermen. Ábrelos
y ningún parpado retornará a
cercar la irradiación. Verte en el
compromiso de soñar con ambos
dioses llameantes relumbrando
de azules las tinieblas, detonando
día y noche, condensando
situaciones etílicas.

Abre tu corazón y no pasaras por alto la hermosura; insufrible, indestructible; retando a la muerte de modo invariable. Abre tu corazón, ahoga de impulso tu organismo. Radiaciones de luminaria apartarán sombras donde coloques la vista, sin necesidad de colocar un perdigón. Las murallas accederán calcinados, demonios esclarecidos. Abre el corazón y ninguno rodeará tu carretera. Ningún hostil a tu altura.

La leyenda desabrigada terciará cabeza; dioses, aturdido, cortesía. Abre tu corazón alumbra la consciencia. Abre tu corazón para ver otros ojos, diferenciar a los que caminan sin amor y felicidad, los que culpan el amor llevándolo en su espalda; sangriento, haciendo tronar con truenos el mundo. Abre tu corazón para hallar otra mirada y ser merecedor, sin dudar de ti al mostrar tu soplo. Abre tu corazón para con toda dignidad, valor, ímpetu; ver en ellos la autenticidad.

¡Ábrelos! ¡De frente observa el corazón del otro! ¡El corazón de tu amor, tu amante! ¡De tu madre, padre! En ellos distinguirás a tus antepasados, luminoso ser de irradiación; familiares, amistades.

Cada linterna

carga la leyenda

de todos

los navegantes.

Cada pizca de sal

en el océano;

la sangre

de un comandante.

En otros ojos la leyenda de todas
las vistas.

Resides morada del omnipotente.
Muestra obediencia. Después de
eso no consentirte más llevar una
existencia honorífica, llena de
valor; hasta los últimos resultados.

Sólo así, en el corazón, logra lo
imperecedero.

XI

Extravagantes

Cada cosa de ella es melancólico y lunar, aparte sus cabellos de disposición solar, de corriente abrasadora. Adornada en un orden muy individual, entendiera desconcierto, flojera y deseo. Es reflejo de su apetito. Y así, cada cabello insurrecto, horrorizarme, notificarme; ninguno sabe lo que codicia, ni ella.

Todo en ella es penumbra y crepúsculos, excepto su voz que no oculta las frases. Tiene el arranque, los furores y la suave voz de una pequeña reina. Posee aquel demonio fascinante que tuerce la voluntad y volverte un esclavo. Establecerme, gritarme, exigirme. Mi ego, antes de acero, abate a la superficie, vuela liviano. Ella reírse de mí, yo burlarme con ella. No estoy muy indudable si la apetezco o temerle, si investigo su abrazo o su indulgencia.

Todo en ella es refutación, exceptuado su sonrisa, eternamente resulta honesta. Cuando conversa, batalla solitaria, debatirse sin esperar respuesta. Acercarse y alejarse, cambia de enfoque sin previa advertencia. Interroga y hace lo que ambiciona, solicita autorización y quita ¡Volverme maniático! No escucharme cuando dialogo. Si propongo algo, hace lo inverso. Retarme. Si obsequiarle una caricia impugnarla, y si desconocerla requiere la contemplación.

Gustarme expresarle lo bella que hallarla, cautivarla y observarla. Obstaculizarse, danzarte y a cada halago indagarse un deterioro, para su mala suerte también encuentros perfectos. Ella sabe es bella. Ninguna princesa camina por ahí sin una medida de engreimiento, por chica que sea, pero es más sedicioso que presumida.

Cuando está conmigo conversa todo el tiempo, solitaria. Soy una desnuda evasiva, una exactitud social para no ser juzgada de maniática; para vociferar a una meta, para caminar sin ser censurada. Que fisgoneo causarme.

Posee pinta de andar mal del cerebro. Cubrirse de estrés, de angustia. Aspira como trastornada, bebe como borracho de taberna. No logro perseguir su paso. Acelerarse y desesperarse, sonríe y lagrima; todo al mismo tiempo. Profeso es porque no haber hallado el afecto, porque posee lo que ama, porque eternamente posee lo que ama; y eso haberlo hecho de mi maniática, una trastornada.

No obstante podría ser yo quien sellara la divergencia; no amo, no logro. No poseo ganas de jugar al experto. Solo brota complacerme; mal predicción.

Quizás tuviera más ambiciones de auxiliarla que de quererla.

Sentirse solitaria, desamparada, expulsada, degenerada; cogniciones que hacernos concordar. Hasta ahora mi mejor congruencia.

Voy a derrochar con ella. Saberlo. No puedo lamentarme, es necesariamente lo que anhelo.

Todo en ella acaba en cero, incluido su pecho. Todo revoca, todo termina. Irse cuando pretende y obtiene de igual modo. No importarle nada, no concibe a dónde marcha; camina deslumbrada, sin orientación, ahogada ¿De qué otra modo haberme hallado? No estima, solo halla dificultades. A pesar de todo, haberla visto tomar pequeños datos y almacenarlos en su corazón, recopilando insignificancias, locuciones, halagos. Minúsculas cosas hacerle sonreír. En poco tiempo añadirme a su investigación y socorrerle a indagar coleccionables del corazón. Espero halle lo que desea.

Todo en ella son ornamentos, alhajas, pecas. Es una extravagante. Un par de labios escarlatas libres de cosmético, redondos, cuarto creciente, luna cruel. Ojos luna llena, oscurece con un par de anteojos de luna nueva. Otras lunas lunares ocultarse bajo sus cejas, proceden por sus mejillas, períodos en su cuello. Poseo uno predilecto, mostrarme las sombras aún de día. Traslada un punto en la unión izquierda de sus labios, un punto lunar, punto con el que anhelo acabar mis expresiones, punto con el que podría acabar mi existencia, un sitio final.

XII

Expresarte

Expresarte, cuando expreso que te amo, es porque te amo. Pero cubrírseme la vista, no chiflarme como las doncellas en el océano. Y no obstante el tiempo está obteniéndonos, expresártelo, te amo, pero conservarme fijo y no encorvarme, no volverme tonto y inquieto por tus caricias. Aun así, te amo como a ninguna.

Expresarte algo existencia mía. Podrás profesar mi agotamiento haberme hecho enamorar totalmente de tus ojos. Podrás entender que, soy un necesitado satanás, enamorarse como niño del pacífico, enamorarse del biberón de la madre. Pero no enamorarme desde mis agotamientos, con el corazón, blando o lento. Enamorarme desde mis murallas, al menos contigo, vida mía. Enamorarme como hojarasca de pasión y así consumirme.

Cuando sea reliquias, no limpiarme, no almacenarme en receptáculo de oro. Irme mejor

con los cenizales de la taberna
donde conocerte.

Expresarte, mis amores germinan
en el demonio que almacenarse
en mi alma, la fiera ocultarse en
mis puños, el ave fénix de mis ojos.
Expresarte, existencia mía, voy
encariñado como seducido va el
tigre. Voy perdido en tus pechos,
como la fumada detrás de ellos.

Expresarte derroché la cobardía
hace un par de doncellas,
malgasté la miseria de falsificar
hice un par de obras, derroché
las lágrimas hice un par de
llamadas telefónicas, derroché los

celos tome un par de cervezas, desaproveché los antifaces, las ambiciones de solicitar autorización, las amonestaciones, los odios, la fortuna, la prudencia. Y de tanto malgastar salí venciendo.

Quizás y desaproveches tanto como yo, para no amarnos tanto, para no sofocarnos demasiado, para no remediar en corrupciones y mencionadas de madre. Quizás y intentaste malgastar un poco. A disipar los tiempos de fantasía, a disipar un día de labor para notar a la irradiación del oficial. Quizás y malgastes el conformismo, y si resuelves no amarme, indagues a un mortal de realidad, no como yo. Disipes los apetitos de una morada formidable, de un vehículo de magnificencia, de una estirpe oportuna, de un organismo agraciado, de la sonrisa guapa. Quizás derrames las fantasías y logres estar conmigo; el mortal hecho de migajas y segmentos.

Expresarte no lastimarme saber que no amarme; no espero que contestarme las miradas y los halagos, no importarme más que tus familiares y tú pareja odiarme, sin embargo no conocerme. Expresarte no preciso pergaminos, chocolates el día de San Valentín, recibos y imputes. Expresarte no indicarte en las listas de mis amores disipados, ni por lo menos voy a escribirte. No lastimarme más, no espero persista demasiado, no anhelo ser el único y no espero adores sobre el resto de los mortales.

Expresarte te amo; no con mis impotencias. Te amo desde las heridas, desde mis cicatrices que soportan el ardor de tus miradas, la pasión de tus caderas, la vehemencia de tus labios, de tu perfume. Así que no remedies en solicitar, no titubees en vociferar y volverte maniática. Conmemora haber degenerado la lágrima y las amonestaciones.

Si no expresarte entre tus mortales, si no expresarte entre tus sufrimientos, está bien, lo puedo manipular afinadamente. Lo que no soporto, camines vestida con temor, amarme de modo indiferente; elijo tu antipatía. No soporto que seas un hilo que ata, una maniática de closet, no expreses un sí ni un no, caviles que amortiguarme las piernas tu apariencia, nublarme la razón y no desear lesionarme.

Expresarte te amo, así, puramente de eventualidad. Te amo porque antojárseme, y en cuanto halle un modo completamente desigual de conquistar, en cuanto halle el modo de querer desde mis desenfrenos y dignidades, voy a referirte que te quiero

XIII

Perecer por ti

Germinamos neciamente
humanos, brotamos y así
quedarnos. ¿Quién, sino la muerte
quitarnos estas ganas satíricas de
afecto, de confesión, del abrazo,
de ternura?

Desagradablemente entes
germinamos y así permanecemos.

¿Qué descubriremos? ¿A quién
debemos? Nacimos y solo la

falsedad mantenernos estáticos, la barbarie, la inexperiencia. Ninguno prometernos lo que amarnos. No sabemos lo que ambicionamos y lo pretendemos de inmediato. ¿Qué vamos a hacer con esta existencia?

Tal vez solo el coñac suprime del corazón la demencia de la existencia, la neurastenia de la efectividad. ¿Qué haremos? Sucumbir con modo. Todo es desconcierto, nadie sabe. ¿El dinero salvarnos de esta existencia sin intención? Nada hacerlo cariño.

Confieso, amor mío, tú logras protegerme de este objeto. Seguridad de errores. No obstante es falsedad, sin embargo sea pura escultura; espero mansamente tú seas el doctor de la existencia. El cariño sanarnos de enajenación, el sexo librarnos de la inaguantable apartamiento. Saber que no, saber que no. Pero anhelo entender una vez más. Quiero entender que vive un Dios, las contingencias abrazarme, los objetos son como expresan. Que ocurra y todo sea resuelto e imperceptible. No apetezco percibir nada, no suspiro a que sea agraciado, solo, a tolerar con tu sociedad.

Espero mi corazón no fastidiarse de amar, de amarte. Espero la existencia no írseme en inmundicia, espero mis dedos no fastidiarse de crear símbolo, mi organismo no deteriorarse en causar sangre, mi corazón no molestarse de palpitar; soporífera y enojoso trabajo, halagar sangre a mis extremidades. Espero todo transformarse. Pero muy íntimamente de mí, en una parte que abandono, en un área tenebrosa y punzante, saber que ninguno va a transformarse y crearme polvo, formarme nada, no poseo sentido ni conciencia más aquello que alcance concebir, aquello que conseguirme adulterar. Y darme igual, no voy a renunciar de avanzar.

Insufrible yo, inmutable tú, bastante sujetos, bastantes

escasos de conformidad, de regularidad, de bebida, bastante desprovistos de porquería, de fortuna, bastante desagradablemente nosotros, insufriblemente individuos y nada más. Accidentes del ecosistema, ensayos del cosmos. Bastante temibles de inmolación y de la muerte, bastante intrascendentes, demasiado tontos, demasiado horripilantes, bastante privados, bastante contentos. Esperando asesinarnos el habano, la comida, la fortuna, el período, el vino, la descomposición, el carcinoma, el sida. Esperando asesinarnos algo que no dependa de nosotros.

Ninguno alcanzará ni a quererte a ti. Estamos inculpados a existir sin sueño. Y no interesa cuantioso si eres obesa, ridícula. Si eres necio, ario, berberisco, patán, machista, feminista, nazi, marxista, acomodada; todos estamos hechos con minúsculas diferenciaciones de la misma inmundicia. No somos específicos, asombrosos ni una mierda. Somos un error, un inconstante de

partículas, elementos, de cuerpo
inactiva. Y ahí, la suerte de querer.

Yo solo espero tú salvarme,
amarme más de lo que yo,
abrazarme, anhelarme sobre
todos los objetos y tal vez ahí,
pueda colmar este perverso
ocioso que traslado en la órbita
de los ojos, compromiso en el
pecho, este solitario bastante
presente que solo muerde sin
abandonar de ser, sin renunciar a
ser. Yo solo espero poder amarte
hasta derrochar la cognición y
ahí, en esa zona de ímpetu y

entusiasmo, en ese espacio, todo obtenga una disposición agraciada y derroche la existencia contigo, para ti. Si algo haberme de asesinar espero sea la ternura, la efusión, la intrepidez, el esfuerzo y no el maligno habano, el alcohol, los ingredientes, las oficinas, la fortuna, los dioses, los colegios, cultos, sabidurías.

Doncella ¿Estas consumada?
¿Sentirte acabada a mi lado?
Solo, falsifica y expresa que sí.

Espero esto pase fulminante, lanzárseme lo compasivo, amarte sin términos. Espero sucumbir de ti y no de mí. Espero renunciar de ser humano en el espacio inverso de la cognición, de la automatización. Espero agonizar de ti. Así, tal vez, ambos rellenemos nuestros abismos.

XIV

Aquí no ocurrió nada

Si alguno observa por la lumbrera, aquí no ocurrió nada. Oculto en un huerto, con un soplo de viento danzando en mi cabello, aquí no ocurrió nada. No agito un dedo, no miro nada en determinado. Estoy complejo contra un artefacto arcaico, con el sol en la cara, con un soplo de céfiro danzando en mi pelo.

Aquí no ocurrió nada.

Pero en alguna zona dentro de mí, en un área de este plano o del otro, o del otro; aprecio el ardor millones de soles encendiendo en un par de labios rojos. La pasión inquieta de tu organismo calcinarme desde la utopía hasta de mi ser. Luces coloreadas revientan húmedas sobre mis pupilas al pestañear, al obstruir los ojos. Rocas apasionadas, microscópicas, detonan como maíz hinchado detrás de mí vientre. Trazarse una sonrisa sin motivación, sedicioso, colmada de demencia, en el plano de mi semblante. Los cabellos de mi cerviz levantarse. Mis pupilas, aún con el sol de austro, retardarse. Melodía suena. Mis pies acarician un conjunto ilusorio al compás de un corazón que apresura sin cognición. Arroyos de sangre filtrarse en mi pecho inclusive la base de mi deseo, apenas un remordimiento.

Aquí no ocurrió nada.

Pero hay un área, más lejos de la utopía, donde detonan estrellas, retratos suceden, el tiempo rebotarse, las impresiones revientan, el ardor enciende, el viento estalla, mariposas tragan gusanos, peces comen tigres, dioses inmortalizarse, cariños, sedición, existencia inmortal, mundos, cielos.

Aunque aquí no pasa nada, hay un zona donde sí, porque hay una área donde estoy cavilando en ti.

XV

Retoñar

Hay una puerta a otros cosmos en el núcleo de tus ojos. En el foco tenebroso de tus pupilas observarse nuestras existencias. No es la primera, ni la última vez que hallarnos. Estoy seguro. Las evocaciones asisten a mí en remolino impalpable.

No puedo profesar que el tiempo evaporársenos tan fulminante. Añoro las veces que haber corrido tras de ti: a los diez años y los noventa, en un organismo y en otro, a través de la existencia y los espíritus, a lo largo del cosmos, a lo amplio de las extensiones.

Eres mi Afrodita.

Intuyo fuimos nosotros los que sancionamos a la humanidad, dotamos de conocimiento a nuestra variedad, de sufrimientos de nacimiento, los que retamos al Todopoderoso. Sospecho, nuestro amor concierne a un vestigio auténtico de espíritus, una sucesión de resurrecciones arriesgadas e imposibles; somos el principio de las condenas, de las millones expiaciones y los artistas del tártaro.

Somos la pareja que castigó al universo. No lamentarme de nada y retornaría hacerlo, regresaré a hacerlo. Trasferiría a tu madre, a tus parientes, ofrecería a mi estirpe, castigaría de nuevo a mi género y asesinaría a los malos.

En cada existencia haberte
llevado el café y la inspiración,
asimismo el vino y la sexualidad.
En cada existencia haberte
llevado el pecado y la
inmoralidad. En cada existencia
haberme llevado el apetito, la
pasión, la efusión y la muerte.

Opino, aunque no vivamos hecho
el uno para el otro y nuestra vida
ocasiona más dificultades que
agrados, germinamos para
hallarnos, atravesarnos, para

fortuitamente decaer en los brazos del otro. Germinamos para ser el azar, el desconcierto, la falta, la disputa, el cambio, lo irresistible, mediano, breve, erróneo.

No estamos para conquistar completamente, pero estamos para cobijarnos. ¿Quién no terminaría con nuestra existencia? ¿Quién no intenta matarnos? ¿Quién? Si el mismo Todopoderoso teme a los amantes, sin desconfianza a la condena, refundirse a través de períodos, existencias, espíritus, período, beligerancia, desierto e avernos ¿Quién terminaría con los espíritus imperecederos de los amantes?

No interesa si en esta existencia el objeto salió mal; poseemos millones por aparecer, poseemos la leyenda de la sensibilidad a nuestro dorso y el futuro de la coexistencia por delante ¿Quién emprenderse a expresar que nuestro amor haber finalizado?

Irme a lanzar una de tus miradas entre ceja y cerviz, irme a estallar uno de tus besos en la partícula

que transporto por corazón;
esperarte al retoñar, para retornar
a emprender, amor mío. Esperarte
en el alba de un nuevo
alumbramiento, esperarte en
otras vías, en otros universos, en
otros cosmos, en otros organismos.
Puede que la próxima los sucesos
trasciendan más enredados, pero
ahí esperarte.

Esperarte en el olimpo, frente al
bosque de la prudencia.
Esperarte en el desliz, Esperarte en
el foco de tus pupilas, Esperarte
en cada fabula, esperarte en el
fumarada, esperarte en la

corrupción, esperarte en la fogosidad, esperarte en la inspiración, esperarte en las baladas de familia, esperarte en las cascadas, esperarte en los años, esperarte en algún sitio desamparado.

Esperarte mi querida Afrodita.

XVI

Solitario

Y actualmente estoy solitario,
cavilé, tierno, podría confortarme
en cualquier otra doncella. La
felicidad alcanzarme en algún
lecho, alguno alumbrarme la
mirada un domingo por la noche.
Cavilé, sería natural cruzar el
camino; mi pecho era lo
suficiente lozano para concebir
agotamiento, inconsistencia,
sufrimiento, castigo, pecado.

Y solitario.

Yo cavilé sería simple hallar un par de ojos más perfectos, labios más rojos, sonidos más dulces, aromas y deleites.

Y solitario.

Y como eternamente, todo marchara bien hasta que no sentirme solo.

Viviendo con estas hermosas doncellas, tus ojos retornan en sus órbitas desocupadas y observarme, quererme. Tus manos conservan mis manos y acariciarme las mejillas, lacerándome la piel, sabiendo ese toque es tuyo. Divinas y traviesas, cobijarme con sus muslos en el mutismo de la oscuridad; y lo único que aprecio, es el fervor de tus muslos.

Sabes ocultarte por ahí, dentro de mí ser, muy dentro de mi alma. Gustarte salir y robar algunos organismos por puro placer. Para lograr recordarme, por mucho que hacer el amor con cientos de mujeres, no puedo borrarte de mi mente que tu pasión reside en mí; las caricias no pueden devolverse, las sonrisas no generan ningún costo, no pueden alquilarse, pero almacenarse por ahí, en un rincón, bajo tu mano, atrás de tu espalda, en tus labios, en la radiación de tus ojos.

Cavile lograría poseer redención al estar con otras mortales. Para mi máximo ego, observarte en cada una de ellas. Para mi máximo ego, soy fiel estando con estas bellas mujeres.

Y actualmente voy inculpado a ver doncellas cristalinas que revelan tu silueta encima de la piel. Y ahora voy inculpado a ver tu sonrisa debajo de sus dientes, apreciar tu tacto debajo de otras manos, atender tu voz surgiendo de otras bocas, tu perfume en otros cuellos, y tus exaltaciones en otras maneras. Y hoy voy inculpado porque ninguna de ellas eres tú.

Y ahora concibo el amor no aparece con un par de ojos divinos, sino en cómo mirarte esos ojos. Y ahora opino el amor no comienza en un par de piernas largas, sino en esas piernas que profesan al abrasarte por las noches. Y ahora concibo la hermosura no vive en un par de senos, sino en la prontitud con que palpita un corazón debajo de ellos, el ímpetu con que apresuras ese corazón.

Y ahora pienso una analogía desempeña con más que cariño. Una relación trabaja con seguridad y tiempo. Una relación progresa al fervor de la perseverancia, la pesadez, la desconfianza. Los amoríos conservarse con aguante, detalles y felonías. Las relaciones conservarse con algo de desconcierto, con pequeñas dificultades que marchan y arriban, solo para unir algunas ausencias. Desarrollarse con el estímulo, bajo el control del deseo y la carencia de las inclinaciones. Las relaciones permanecen con algo de miseria y vacío, con heridas infantiles, sandez, propiedad y terrorismo. Establecerse con invariabilidad, consolidarse con la edad, contrastarse con tratados, artificios, falsedades, soledad.

Y ahora concibo los noviazgos requieren solo una chispa de amor. Y amor mío, faltó engañarnos más, excedernos de la naturalidad, lealtad. Abusamos de la independencia y la familiaridad. Amor mío, nosotros solo poseíamos amor; faltarnos lo demás.

Y ahora voy forzado, porque verte en todas partes. Voy convicto porque ofenderme tú y despojarme amor.

XVII

Todo lo que deseo

Gustarme saber si voy a hallar a
alguien que amarme demasiado
como tú, conocerme tanto.
Gustarle amar como quisieras,
perseguirte en esta chifladura de
media noche. Gustarme restituirte
lo mucho que obsequiarme.

Expresármelo al oído; hacerme
tiritar de angustia. Nunca hallare
a una mujer que quererme

demasiado. Pero afecto, a lo mejor, hoy preciso no es amor. Posiblemente, hoy requiero demencia, destreza, recorrido, intrepidez, insubordinación, ímpetu... Aislamiento.

Posiblemente lo que hoy requiero es embriagarme, derrocharme, marchar sin sentido, conversar del destino. A lo mejor hoy no requiero amor. Tal vez, hoy preciso derrochar todo por un par de piernas torneadas, por un par de senos grandes, un semblante perfecto e inexplorado, una mujer fría y apartada.

Posiblemente, aunque sufra expresarlo, hoy no preciso tanto cariño.

Será la simpleza, conseguirme en esta adolescencia, la que frenarme a amar. Será soy muy idiota para valorar lo que sientes, que soy un temeroso y escaparme de la responsabilidad. Porque hoy siento que quiero acostarme con algún mortal que vuele, retorne a ratos, desatenderme un poco, que posea cosas más significativas, cavile en otras personas, dejarme acabado y con fracturas, agonizante, fatigoso, incurable, enfadado, quebrado, solitario; no quererme tanto como tú.

Tal vez sea mi autoestima pero hoy no pretendo ser.

Que la reincidencia irse, la seguridad derrocharse, todo

surge mal, malgastarme, fastidiarme.

Hoy anhelo estar donde nadie saber de mí, donde mi figura no sea agradable, donde anhelen pegarme, donde quieran cobijarme más que abrazar. Hoy deseo que los árboles calcinarse, el oxígeno terminarse, el petróleo desbordarme, la virgen entorpecerse, la angustia mortificarme, el estrés vencerme. Hoy ambiciono equivocarme. Hoy pretendo que sucumba la delicadeza y la higiene. Quiero demencia y engaños, sueños improbables. Hoy anhelo a una doncella que no quererme tanto como tú.

Creo que tanto amor encuadra, limita, encierra. Creo mujer, amas con tal intensidad porque así manipulas el mundo y dominas.

Tal vez sea efímero y lamentarme el resto de la existencia, y la existencia continua, y la que no continua.

Hoy no anhelo amor ni compañía incondicional, hoy no requiero caminar de la mano o pisar hojas muertas, Hoy no deseo a Baudelaire o Márquez. Hoy no anhelo ingerir alcohol o desnudar un alma con una silueta delgada, hermosos senos, extensas caderas y semblante impasible. Hoy solo deseo desnudar a un mortal que no conmemore mi nombre. Hoy anhelo poder obsequiarle a alguien lo mismo que darme, para no estar en dificultad, para no apreciar que desembolso un crédito romántico, faltarme dar,

más enérgico, agudo,
vehemente, perpetúo, legítimo,
habitual. Hoy anhelo a una
persona que no amarme
demasiado como tú.

Posiblemente es, detrás de todo,
lo único que gano.

XVIII

Amarte

Espero no causarte daño cuando expreso "no amarte". No ansió seas mi amor, mi camarada o esposa, no deseo tengas algo conmigo. Gustarme demasiado esquiva como la luna, tan lejana como el horizonte.

Pararte allí, con tu extrema belleza, tu sensual cuerpo, con la majestuosa simetría de tus senos y esa perversa cintura hacerme perder la razón. Pararte con tus bellas piernas largas; tus hombros esplendidos esparcen un ardor que debilita, calentarme la sangre y perturban las ideas.

Pararte allí, frente a este novelista de pacotilla, fumado, transpirado, importunando, molesto, indecente, usado por el insomnio, golpeado por la existencia, descarnado, hipocondriaco, insufrible, pertinaz, adicto y pendejo.

Pararte allí, con tu hermosura resultarme más insufrible mi desproporción, mi discapacidad para reconocer a tu físico. Sentirme indecente.

Pararte allí y arrojarme, en el acto la mayor fortuna, estupidez y payasada; un dulce "te amo". Veo a tus labios rodarse con la finura de una migaja de polvo, articulando, conversando, librando la simplicidad.

Saber qué esperas la misma naturalidad de mi parte, retornarte frases, abrigarte mientras expreso lo mucho que amarte. No logro, es que no amarte. No es lo que concibe mi corazón. Yo no puedo lograrlo, sin más, lanzar tan villanos, indecentes, vulgares y frecuentes frases.

Expresarme un "te amo" y verme en el compromiso moral de indagar algo para manifestar. Y tengo que abrir el pecho, remover vientre, comprimir el corazón, curiosear entre jugos digestivos, pirañas, memorias, heridas, lamento, sufrimiento, apetito, adrenalina, gritos. Tengo que dividirme en dos e indagar lo que siento por ti, porque claramente no es un desnudo querer. Lo que siento difiere mucho de ser un "te amo".

Pararte allí y hacerlo tan simple. Verte demasiado vigilada, tan sutil, demasiado habitual. Conversarme con la seguridad de una diosa. Sumisa, prudente, refinada.

Tú no sabes princesa, pero no poseo ninguna idea de lo que siente mi corazón. Veo andar mis inclinaciones en revuelta por mi alma, aprecio que algo quemarme por dentro, cocinarme desde los pies hasta la cabeza. Siento golpes en mis costillas continuamente de una rabia incontrolable. Percibo disolver mi estómago con deseos sexuales y una energía excitarme para erradicarme la ropa y acariciarte los senos, arrojarte a un lecho y mezclarte contra mí. Siento aglomerarse las frases, la vista llorarme con tu libido, mi cerebro explota, golpea mi cráneo y hieren mis testículos.

Cuando pararte delante de mí y arrojarme un "te amo", siento mi carne hierve como fuego.

Cavilar muchas cosas por mi mente. Asegurarte, nada es del grande de un "te amo". Y si soy honesto, no amarte. No anhelo seas parte de mí, ni de otro. No ansió seas mi novia, ni mi amante. No anhelo seas mi esposa, no quiero estés subyugada a mi cuerpo, ni a alguien más. Gustarme cómo eres. Una mujer muy segura.

Pararte ahí y arrojarme un liviano, sensible e indudable "te amo".

Aunque sentirse mucho más complicada, puedo indicarte desde toda mi jerarquía y rebelde pecho, si hacerte sentir mejor "te amo".

XIX

Esperare por tu regreso

Estuve sentada cerca a la orilla
del mar a esperar tu regreso
desde la tarde el sol ocultarse y
no llegaste a mí.

Un frío mortífero cobijo mi cuerpo,
mi mirada ardía como fuego y mis
piernas temblaban no podía
sentir mis manos al ver la
extraordinaria cara al frente de mi.

Quise cobijarte con el calor del verano y la brisa bese tus dulces labios de miel juraron quedarse mientras el tornado arrasaba con las memorias del pasado.

Colme mis manos con reliquias del fuego que incendio mis diarios de pensamientos haciéndome perder la cordura.

Esperare por tu regreso algún día a mí sin perder la razón, tranquilidad y afecto por ti....y arribaste un día bajaste de un avión sin concebirlo el hombre magnífico que darme inspiración y embriagarme con su perfume de geranio.

Lucía con estrellas y también un poco del sol bajaba por su rostro, sus manos eran como las hojas de otoño y luego convertirse en seda, colmo mis lágrimas en diamantes en el desierto de mis tristezas y llenarme con un beso.

No sabía que realizar si verte o admirar tu belleza y cada parte de ese contorno cegarme fui a mi rincón literario a poner mis letras que llenarse de prosas cuando el silencio envolverme en fantasías y el frío irse. Los poemas empezaron a brotar como una sonata de invierno y el río de letras sembrarse en un jardín de libros.

XX

Bajos instintos

Monstruo, en ello convertirme

Cuando tocarme, y cavilo sobre
tu rostro

La irradiación brota de tus bajos
instintos.

Veo tus delgadas líneas desde la
cabeza hasta los pies con el
espíritu desabrochado con el
corazón en mis manos y tus ojos

son el océano profundo de nuestro amor.

Tus ojos cerrarte y la realidad aflora mientras nuestros cuerpos juntarse,

Así volverse cenizas entre murmullos en la cálida cama.

Tus caricias permanentes son una pasión ardiente.

Tu pecho es como fuego y mi virginidad disiparse con tus besos, la lujuria llevarme al infierno y perder mi pureza sin piedad.

Tus labios son un caviar en mi mente no paro de cavilar los latidos aceleran mi cuerpo y no puedo respirar

Mi cuerpo angustiarse por todo las cosas que tú hacerme tus manos están cansadas describiendo mi silueta

No hay características, matices, emociones buscan el rastro como un reloj que no para.

Tú piel envuelta en una dosis perfuma mi cara y mis piernas

entre las sábanas, tu llevarme al abismo de la ferocidad a gritar sin contemplación cuando viajamos al cielo.

Tus frases curan todas mis heridas y unirse nuestros anhelos con el tiempo acariciando cada parte de mí hasta llegar a mi cuello envolviéndome toda para luego dejarme caer al abismo sin cavilar la agonía.

Monstruo

De mi alma no apartarte de mí

Nuestras epístolas están ligadas
entre el océano y el firmamento,
Venus obsequia la tinta al escritor
que está maldecido y nunca
leerá por miedo a sucumbir por
agua y alimento.

XXI

"Resonancia de una sonrisa"

Cada tarde, arribo a mi morada,

Estampó los siguientes inviernos

Llevándolos en mi espalda

en el closet, al lado de mi cuerpo,
de tus memorias.

Puedo expresarte, con toda
seguridad,

en la morada aún hay huellas

de tus sonrisas, y de mis lágrimas
de cristal,

pero ya no lastimarse.

Indague, retornar al pasado

a buscar culpables del crimen,

solo conseguí más lastimarme...

así una tarde,

ya agotada de luchar con tus
espectros

Encendí un incienso de la Diosa
AFRODITA

abrí todas las lucernas

y enviarte mi afecto

que poseía almacenado para ti,

para que usarlo en la fiesta, en esos días

hacerte falta

Amarte un poco más...

y alguna memoria

de las mías

Asomarse a tu existencia

y escuches las resonancias

de una sonrisa desierta

que alguna vez darte felicidad.

Largarme de tu vida, inconscientemente,

es querer sacarte de mi ser
una parte de mi
también fui dichosa,
y eso, no está bien para mi...
uno debe quererse eternamente,
verse en la lejanía, con otras
miradas y otra ideología
sin querer disipar trozos, de
nuestra leyenda
volverse rocas
a la orilla del océano
modeladas a la tormenta de la
tranquilidad.

En aquel momento, podría expresarte,

estoy labrada de soles enormes,

de conversaciones hasta la madrugada,

de vino y caviar...

de girasoles y chocolate,

y de todos esas radiaciones de sol

que ingresaron por la ventana en primavera

y llegaron al fondo para convertirnos en invierno.

Cargo en mi espalda

Esos momentos vividos por eternidades, no quiero tirarte al mar de qué valerme?

Si fuiste el abrazo íntegro

Cuando las personas que amo marcharse...

Volverme invencible y desquiciada,

Más convincente y original,

con rosas en mis manos,

y peinado en mi pelo.

Darle el último cambio repentino a mi existencia

y aún no todo es triunfo

Ni lograrse como queremos,

Gratitud por tu compañía

Que brindarme

cuando requiero retornar a
abrigarlos

En mi presente ese que llenarme
de libertad.

XXII

Sucumbe amor mío

No camines de las dificultades, no desertes a la injuria.

Cada batalla posee una voz conversando por lo bajo. Cada aprieto revela, incita, mueve, alborota, reforma, reinterpreta. Cada batalla es nuestra conflagración. Cada aprieto es nuestro homicida y constructor, animal bárbaro, criminal y guía, instructor perverso, experto inspirado. Cada problema es fuerza voz que murmura punzante; burlarse de las lágrimas; pero enseña, enaltece, transmuta o mata.

No sortees los desafectos.

No indagues sus brazos o los de alguna más.

¡Vívelo!

Deja a tu imaginación conversar en la lujuria.

La independencia de la apatía.

Nadie precisa más auxilio que combatir en desierto; recobrar la voz, quitar, hallar sus derechos. Ninguno precisa más cura que colocarse en pie, esclarecer la imaginación, enfriar el cuello con el iceberg del pensamiento; inflamar el espíritu y afrontar sus demonios.

No introduzcas las manos en el fango extraño.

Por numeroso que lastimarse ver sufrir a los que amamos. Por sumisión; más vale distinguirles fluir y desahogarse en su fuerza, evolución. Crearse trofeos, defensas, anzuelos, ecuánimes, espíritus, organismos.

Espera insensible, observar inalterable, inclinación inalterable, forzosa, rebelde. Sin agitar un índice obsérvalos rogar. Por su bien, conservarse indeleble.

Más vale exponer la batalla a nuestros vecinos que suministrarles asistencia y desplazarse sus espíritus con la televisión del acatamiento.

Hay más amor en derribar proyectiles que remediar al extraño, concluir al ser querido, confesar a sus espectros. Más amor en la batalla. Odio el honesto auxilio que desfavorece, idiotiza y pervierte.

Pasión libre y amor auténtico aquel que puede ver derrumbar. Agoniza sin introducir las manos. Aquel posee los oídos fuertes para atender los ruegos sin confesar, sin aliviar, declarar o calmar. Amor solo el que está preparado a ver matarse sin intervenir, sin generar trance ni sumisión.

No intentes ser otro amor incompleto. De hoy adelante no pretendas ser como tantos tontos, como tantos otros. De hoy en adelante busca tu libertad y con ello la de los que respetas. Solo a partir de ese punto quererse; solo desde el progreso personal abrazarse, declara y suministra.

Busca amar enérgico, veraz y decente.

La auténtica tentativa de amor es desistir agonizar sin obstáculos, sin obsequios, sin exhortaciones ni frases.

Deja enseñarte para instruirse.

Amor mío; sucumbe, soporta y asimila; porque amarte engrande, sublime, guapa, inapelable, íntegra, tajante, experimentada.

Te quiero santificada porque amarme igual.

XXIII

Diosa melancólica

¿Serás diva y hogar divino mí querida princesa? Siempre dando más de lo que recoges ¿Tanta es tu exuberancia? ¿Cómo juegas de salvadora en esta humanidad que solo sabe de cadenas, cruces, sanciones? ¿En qué revuelta germina tu valor? ¿Detrás de que ceno gotearse la voluntad, la soltura? ¿Bajo qué falda procrearse tu dignidad?

Bendita mi princesa. Tu nobleza mora en preferir ser diosa, independiente y eficaz entre el analfabetismo de multitud temible, de pequeños e impetuosos. Tu integridad vive en conquistar en abundancia al mortal. Galantear. Preferir tu final para conceder noches; descansos de angustia, tortura y autenticidad.

¿Tanto es tu amor que juegas a Diosa entre bárbaros mortíferos? ¿Tanta es tu fuerza que no protegerte de homicidas? Dime

¿Así conseguirse la nobleza? ¿Así lograrse la fortuna? ¿Así verse las diosas?

Mi amada princesa. Nutrirme de tu carne y cato de tu copa. Esta noche mi último festín. Mañana, absuelve mi espíritu; la idéntica traidora. Mi boca; la equivalente de Pedro. Traspasarte y entorpeceré. Absuelve, no saber lo que creo. Cargas con el tropiezo del universo por puro encanto, porque leve agitarse en tus hombros, porque lloriqueas el castigo del espantoso e ingrato, envuelves a todo aquel que logre con dinero declarar y obedecer. Sin conceptuar acaricias, escuchas. Sin acordarse auxilias. Sin reprochar curas al saludable y al poeta, al prudente y al experto, al activo y al sobornado.

Amante accidental, mujer melancólica, Diosa lunar; mí codiciada princesa. Deja que llenarme haciéndote mi Diosa esta noche. Déjame hacer de ti lo que mi ilusión y fortuna pueden obsequiarte mi amor.

XXIV

No quiero nada de ti

Esta noche voy a concederme por consumado a tu memoria. Voy a arrojarme de colmado a la añoranza. Voy a extrañar demasiado como consiga.

Esta noche voy a evidenciar si el amor asesina, si uno puede fallecer de extrañar.

Voy a llorar como niño, voy a precisarte hasta el fallecimiento. Crearé de esta noche un viacrucis en tus evocaciones. Voy a implorar en una alcoba de hotel tu perfume, tus labios, tus frases, el reflejo de tu cuerpo sin ropa en mis ojos. Voy a obligar al entorno, con la fantasía, cada una de tus sonrisas. Corregiré cada hora y segundo de lo que existimos juntos. Azote cerebral.

Esta noche pretenderé, real, sin alegorías intermediarias; sucumbir de amor, agonizar de ti.

Esta noche voy a tolerar sin una gota de coñac; en el desierto de una habitación lejano de ti; si hay otra variedad de aislamiento.

Esta noche concederme a tu partida. Limpiarme, desinfecto mi consciencia.

Y mañana, con la primer radiación de sol; y si perduro... terminarse.

No quiero nada de ti.

XXV

La falla de mi vida

Excluyo que estrella de
casualidad transportarme a
inspirar, catar o comer.
Eventualidades universales
obliguen materiales inactivos a
transformar en existencia.
Desconozco por completo las
fuerzas que obligarme a caminar,
obligar botones y conversar. Sin
cavilar mucho, soy estimulado por
elementos, por cuerdas que
forjan mi habitación.

lletrado; soy victima deliberada
de pintura perpleja.

De todas las fuerzas que excluyo,
de todas mis barbaries, la que
más almaceno y preciso
conservar; aquella traslada mi
tacto, en mares, a las sílices de tu
piel. De todas mis extenuaciones,
la que interesarme mantener,
esconde de mi propio ser,
irremediable y perene; es la que
no abandonarme la operación
de derretir mis labios en tu vientre,

convierte la carne de mis manos
en líquido para colmar la cazuela
de tu espalda; contexturas
aglutinarse, resistentes conducen
corriente a mi corazón. La
barbarie que almaceno forjarte
cascadas entre mis piernas;
pasión en mis genitales, fulgor en
mis ojos.

De todas mis tinieblas, agravios y
faltas, quizás y fueras aquel
inalterable. Toparme una y otra
vez, sin advertirme. Con la
consciencia despejada.
Cometerte, llevarte a cabo,

equivocarme en ti. Quizás y fueras bella falta, transforma de forma y miente, agitarse y halla modos de persistir incorpóreo.

Intentaba hacer un padecimiento no diagnosticable, extravagancia. Hacer de ti la leyenda sin fin, fueras mi inmortal barbarie, mi indestructible princesa, mi perpetuo enigma.

Todo alcanza su fin. Conocerte excesivo. Descubriste una

realidad a golpes de licor, patadas y alaridos.

La muerte logra, el tiempo camina mi semblante. El vanidoso oro del prejuicio acabarse. Espantoso desgracia. El discernimiento quita del bienestar, instala en plataforma, enaltece la integridad de aquello que no retorna; la ignorancia.

Y actualmente, fue amor, no derivarme más que una falla, una

tosca culpa. Excesivamente tarde
para un nosotros.

Solo quedan narraciones. Y si no
sucumbo de añoranza, esperaré.

Esperaré.
Pretenderé desconocer.
Pretenderé relegar.
Pretenderé crear
en otra alma
la falla de mi vida.

XXVI

Duérmete mi doncella

No quiero la oscuridad llegue a su
fin. No anhelo brote el sol y
muestre sus cuevas sombrías y
calientes donde los amantes
amarse; clandestinos fornican en
los deleites de lo ilícito, íntimo.

No deseo la oscuridad llegue a su
fin y el sofoco matinal vaporice la
doncella que duerme a mi lado;
entre crepúsculo y tinieblas toma
mi mano, murmura en mi oreja,
acaríciame a ciegas; en ausencia

de fosforescencia conocerme al tacto.

No anhelo termine la noche, persista la afonía y despejados solo los que cogen, en pie solo prostitutas, autores, escultores, genios desvelados; si es que son diferentes.

La frescura noctámbula someta las carreteras, la fantasía libertarnos de los estúpidos y sus trajes, los escandalosos y sus autos, sus salidas, su bullicio, su rapidez a ningún lugar, su mercadeo y difusión ¡Que duerman eternamente! Sus alarmas no manipulen la hora y helados en el tiempo esperen llegar a su oficina, aguarden por siempre. La noche no termine y ninguno levantarse.

No anhelo esta noche llegue a su fin. No quiero la princesa que duerme a mi lado elevarse al calor de lo diario. No deseo acabe la noche porque eternamente irse, perpetuamente dejarme.

Si alguno notarla dormir o estimarla seducir su silueta, en aquel instante tampoco ansiaría que su noche acabara.

No acumularle antipatía,
tiene que caminar,
solo haber engreído una
oscuridad
y la noche tiene que finalizar.

XXVII

Días
Derrocharte, derrocharte,
derrocharte continuamente.

Cuando estar al tanto el camino,
cuando poseas el triunfo en tu
mano;
Equivoca. Derrocha la silueta,
vuélvete una catástrofe con las
horas, estalla los limites. Cuando
requiera tu cuerpo irle
extraordinario a las cicatrices que
a los adornos.
Cuando desperdicies todo,
recompensarás no sea la primera
vez. Y consiguieras quererlo.

No hay senda más digna que limpiarnos.

No hay mejor existencia de la que lavarse en sangre, trabajos, incisiones superficiales.

El cuerpo cincelarse con magulladuras, heridas, garrotazos. La sabiduría, la vivacidad, la beldad, las imágenes; moderarse a la temperatura del desconcierto, con los golpes del aprieto. El compasivo enérgico y independiente germina; no de un estómago, no del principio orgánico; surge perfecta, pulcro, inapelable de la imperecedera cruzada, del contraste, de las oscuridades, del imperecedero motor. A ímpetu de lastimar los propios demonios. Exorcista.

Nudillos pelados, lagrimales secos, piernas raspadas, corazón cocido, reventado y sellado, curado. Renacer, renacer, renacer. ¡Que la defunción lesionarnos con vida! ¡El amor quitarnos los temores! ¡Que la existencia instruya a derrochar sin desasosiego!

¿Quién más ira a trazar esta leyenda? ¿Quién más ira a examinar los límites de este y otros cosmos? ¿Quién más concederá de consciencia el inmortal e inmensamente desocupado? El adiestramiento es equivocarse, juicio de derrocharse; amor de estratagema, amor de bombardeo, coraje, amor excitable.

Derrocharte, derrocharte, derrocharte. Cuando todo sea tranquilo, indudable, aburrido; camina a los pechos lima de la independencia, los senos pócima de la existencia. Cuando poseas muy claro la vía, cuando poseas el triunfo afianzado; equivocado.

XXVIII

Halago a tu cuerpo

Puedo expresar de toda la
naturaleza, no hallo mayor
perfección y tentativa de
conocimiento, con gentileza
transportas en tu pecho, cargas
en tus senos, doncella.

Cuando mirarte, en ningún
instante puedo salvar por alto la
estatua que distinguida
enderezarse en tu busto. Tu piel
dorada gotea desde tu cuello
bronce, suave e inspirada; sin
mayor advertencia, con toda la
delicadeza viable, germinan en

diferido par de soles que
incineran el espíritu, coronados
cual reyes con aureola y pezón.
No hacen más que evidenciar su
carácter divino.

¿Quién sino los dioses nutren a su
linaje?
¡Extraordinario dominio!

No puedo más que soslayar mi
semblante, arrojar rodillas al suelo
y venerar tus senos solventarme a
la herejía e idolatría. Dos diosas
madre, dos dioses sol, dos dioses
del universo, dos dioses de plétora.
Con mucho conocimiento los
estúpidos evangelistas de templo,

ferviente de ilusorios fetiches en señales; caminan a envolverse si resuelves por la desnudes. Temerosos admiradores, mansos, manada de imposibilitados temen al ilimitado poder de la existencia y espacio; los que chuparon de recipiente. Absolverlos, sólo poseen desconfianza.

Y cuando en el tacto renuncie a conversar con ellos, con mis labios acariciando la cumbre de sus aureolas, permitirme expresarle lo mucho que enaltecerte. Deben quererte porque al momento en mis manos agrandarse, despliegan, dilatan; sabrosos de los homenajes que mis vestigios manuales dibujan en su silueta.

Y erizarse, sacuden, progresan. Y nutren, sostienen, resguardan. Y el abandono disecarlos abruma, mata. Y yo mimarlos, besarlos, adorarlos. Y exaltarlos, rezarles y subrayo.

En tus senos el dominio de la existencia.
Representas,
mujer,
la insignia de la subsistencia.
En ti toda la energía.

Con las carencias de los
estúpidos,
no llenarse;
varios dioses,
productividad y sensualismo;
de brotar
entre
la
humanidad.

XXIX

Retorno de otoño
Retorno de otoño con sus
leyendas.
Retorno de la nieve,
la lluvia y el cielo blanco
la nieve toca la morada,
la nieve cae en la superficie,
Retorna el soplo en forma de
torbellino,
Retornan las evocaciones...
esos que no palparse,
pero abandonarte
con un lazo en el vientre.
En aquel momento, es cuando
hallar

que hay cinco clases de leyendas,
En mi concepción...
están las que narrarse
con los ojos de lágrimas de cristal,
esas que emanan agonía
y un maremoto de sufrimiento
Agita nuestro pecho...
luego aparecen, están las que
narrarse
con una expresión estúpida,
extasiada de felicidad...
esa que abandonarte,
por un brevedad o no en un
periodo de décadas,
en el averno de la idiotez,
la que logra revoletear
las mariposas del vientre.
Y al final están mis preferidas,

esas fabulas de escarlata ,
con los ojos de cristal y una
sonrisa estúpida,
así, como cuando converso de
ti....
como librando
en esa sencilla y encantadora
escena,
una carga fuerte,
una carga tornarse como una
pluma
cuando fantaseo tus labios
En el desierto del mar de mi
cuerpo
en una congelante y lluviosa

Mañana de otoño.

XXX

"Deseo"

Deseo vaciar mi boca
Cada una de estas frases
que tengo veneno de ti,
de tus manos y tu cielo,
de tu memoria fragante
en cada epístola que dialogue
de amar,
de marcharse. De irse al desierto.
Deseo un exilio al mar,
Cuatro vodkas,
un abrazo, un recorrido a Paris
o un buen café para desligarme.

Deseo abandonar de tallar con
flúor

cada caricia tú obsequiarme
cada instante que regalarme
porque no son objetos de los que
uno
Tirar rápidamente,
olvidarte a ti...
es como querer navegar
con un pie en una cuerda
al océano,
y a tu besos,
tus sonrisas,
tu rabia por la tarde,
el café caliente de la noche,
las novelas por toda la morada,
el sol ingresando por la ventana,
la luna llena sangra de vino,
los vestidos desarreglados,

tu contorno distante más hermoso
que jamás,
olvidarte es amarte llegar al
objetivo
sin irse del punto de origen.

Deseo abandonar de quererte,
de hallarte eternamente
todo los siglos
entre mis bragas,
en mi cabeza,
en mis novelas de amor,
en las noches de coñac y
habanos,
en el otoño que venirse
sin el ardor de tu cuerpo
o en el verano que acabo
lleno sol en el polvo del mar

y sonrisas grabadas
con una alegría lejana.

Deseo un brebaje mágico
para alzarse una noche
y ni siquiera entiendo quién soy,
para iniciar de nuevo,
sin poseer que retornar a ningún
entorno
y amo irme a todos lados del
universo
pero sin ti,
y sin mi, palpitando en un corazón,
ahora de otra.

XXXI

Tu
Memorizo como mi sangre corre
Por mi cuerpo.

Eso quiere expresar
eternamente todo el tiempo
Vivo al filo del averno,
esa loca emoción en mi vientre
No irse jamás,
Porque ya sabes mi vida
Yo pienso en ti cada minuto.

- que no interesarme el correr del
tiempo
el sitio, el universo, las fases
lunares-

estos huesos aún tiritan cuando
escuchan tu nombre.

Podría jurar haberte divisado
en los semblantes de otras almas,
haber querido abrazarte
en otros brazos,
haberte llorado con otras
evasivas
y haber querido quitarme de mi
pecho
Algunas veces de las que
quedarme a divisarte....

-pero todo haber sido una
tontería-

vuelve al abismo ...

La sangre estrujarme volando en
el cielo mis palpitaciones
y mi corazón manda señales de
existencia
y de morir al mismo instante.

Alucinación,
Ahogas mi espíritu
a plena irradiación del alba
Envolverme de almas,
Labrando honor a la rutina
cuando tu sonrisa
Tirarme a mi ojos
y todo lo bueno
Finaliza conmigo
de un golpe en seco.

¿Cómo es posible percibir esa
alucinación al evocarte?

Aún no saberlo
pero saber exclusivamente lo que
siento
cada vez tu recuerdo fluye
sangre
a este minúsculo corazón
melódico.

Es la igual emoción
de cuando estoy por trazar una
epístola,
sí, así de divino eres,
Amor ausente.

Yo eternamente tenerle terror a las alturas,
hasta que conocerte.

Tú salvarme.....Te amo

XXXII

Turbulencia

Estás enclavado en mi espalda
en esa zona con húmeda y
cálida.

(Como en una cárcel)
Donde encajó mi energía
Para inhalar y sentirte a mi lado.
Discúlpame por mantenerme
firme,
Discúlpame por no obsequiarte
más radiación
Y más lugar del que concibes....
Pero ahí estás seguro..
Seguro y libre de mí.

Haber puesto una marca
Para no nombrarte
Para que dolerme menos en mi
interior,
En esa minúscula morada
Que haber edificado con nuestro
amor
Que no anhela ser mío
Pero pertenece a ti.
Cualquier cosa que sea tuya
Devolverme un soplo de vida
Al mismo tiempo obsequiarme la
muerte.

Marcas mis palabras
Con una voz fuerte,
Haciendo mi cuerpo invencible

Y dándome una obsesión de
pasión incontrolable.

Tú haces que cualquier palabra
pierda el sentido al pronunciarla
más de una vez.
Llevarte dentro de mi cuerpo
Porque acaricias cada parte de
mi ser
Más sombríos y ocultos
Obsequiando vida
A un espíritu perdido,
y por eso,
Haberte convertido en una joya
de amor.

Haber amado tu volar en mutismo

Desde aquella noche que
quebraste cada parte de mi
clavándose en mi sangre
Y promulgando a la diosa
De este organismo malévolo
Al que dejaste
Muerto cada que quiero
acercarme a ti.

XXXIII

"Los espectros sin recuerdos"
Vestirme de escarlata como mi
alma y estoy en profundo luto.
De mis epístolas emerge sangre
De todo lo que llevo en mi espíritu.
Tiernamente use mi pluma con
mejor grafía y mi corazón abrirse
al hogar donde habita el cosmos.
Una fragancia sombría invadió el
entorno envolviéndome en un
telar de muerte.
Mi propio ser haber destinado a
estar bajo tu cobijo por entrar en
una emoción

Que lentamente convertirse en
odio infinito.
Derrumbarse casi derrotada ante
este delito expresando en
mutismo constante algunas
palabras aniquiló mi mente.
Uno a uno
Irme al abismo de mi espíritu a
cada emoción mortífera de mi
mirada,
E indicarle hasta pronto a los
antiguos amantes a toda la gente
que pensé eran mis amigos de
vida a todos los que clavarme un
cuchillo en mi espalda
En un almíbar de besos,
A todos los que colocarme un
muro que no permitirme avanzar.

Puse una marca en mi boca para dejar en el pasado los espectros de mis recuerdos que dejarme sorda.
Tomé mi pala y realice un hoyo que llegó hasta el núcleo de la tierra y allí sepulte todas las frases llenas de agonía y decepción.
Realice el hechizo al terminar miré al océano para agradecer a los dioses y olvide todo mi pasado amargo.
Inicie a amar naturalmente a cada parte de su ser, arrojarle resplandores de destellos y paz a su corazón
Perdone y perdonarlos, renuncié a lacerarme y lacerar a otros,

Abandone por completo los años que ya no volverán como si jamás hubieran existido y como si jamás mi corazón hubiera estado de luto.

XXXIV

Ella

Ella no besaba mis labios ni mi espíritu, no entiendo cómo hacerlo, pero clavarte como una aguja sin vacilaciones.

Poseía algo extremadamente ejecutado para que tú enamorarte de mí. Sin retornar al pasado.

Ejecutar cada paso con un minucioso cuidado para si tú hallarlo lograrás hacer algo especial con él, compraste

rosadas rosas durante largo tiempo y venían con una epístola de tus versos en un libro de poemas.
Como no trastornar mi mente con esa sonrisa?

Retorne a hallarnos en la angustia por tus besos y caricias como si fueran un regalo.

Él quería envolverme con su eterna presencia y regalarme sinfonías de amor.
Algunas veces mientras bañarnos la radio emitía mis versos en la noche, peinabas mi cabello hasta dejarme sin fuerzas el sueño.

Dejabas las huellas de tus poemas
por toda la morada para no
extrañar tu presencia.
Un día el decidió irse para nunca
regresar retorne a unirlas en el
mar de mis recuerdos pero ya
todo había cambiado.

Expresarme
La vida juntos
Cansarme yo era el problema
Tenía miedo de amarte
eternamente
Necesitaba viajar como el
viento....

Dejo su ropa

Las novelas
Una rosa negra
Y un mensaje indicaba

"Perdóname por haber partido"

AMIGO LECTOR:

Si a usted interesarle saber un poco más acerca del autor, puede dirigirse al siguiente correo: marianxi54@hotmail.com
Mis redes sociales:
twitter: inusha54
Tumblr: marianxi54
Facebook: María Ximena Dediego

www.ingramcontent.com/pod-product-compliance
Lightning Source LLC
Chambersburg PA
CBHW052042090426
42739CB00010B/2013